Vivir en un rancho

por Christian Downey

ilustrado por Martin Lemelman

Scott Foresman
is an imprint of

Glenview, Illinois • Boston, Massachusetts • Chandler, Arizona
Upper Saddle River, New Jersey

Every effort has been made to secure permission and provide appropriate credit for photographic material. The publisher deeply regrets any omission and pledges to correct errors called to its attention in subsequent editions.

Unless otherwise acknowledged, all photographs are the property of Pearson.

Photo locations denoted as follows: Top (T), Center (C), Bottom (B), Left (L), Right (R), Background (Bkgd)

Photographs: 20 (BL) Bettmann/Corbis, (BC) Locke and Peterson/Corbis, (BR) Library of Congress

Illustrations by Martin Lemelman

ISBN 13: 978-0-328-53469-2
ISBN 10:   0-328-53469-2

Copyright © by Pearson Education, Inc., or its affiliates. All rights reserved. Printed in the United States of America. This publication is protected by copyright, and permission should be obtained from the publisher prior to any prohibited reproduction, storage in a retrieval system, or transmission in any form or by any means, electronic, mechanical, photocopying, recording, or likewise. For information regarding permissions, write to Pearson Curriculum Rights & Permissions, One Lake Street, Upper Saddle River, New Jersey 07458.

Pearson® is a trademark, in the U.S. and/or other countries, of Pearson plc or its affiliates.

Scott Foresman® is a trademark, in the U.S. and/or other countries, of Pearson Education, Inc., or its affiliates.

1 2 3 4 5 6 7 8 9 10 V0G1 18 17 16 15 14 13 12 11 10 09

María y Ángela Ramírez son dos hermanas que viven en un rancho de la región oeste con su mamá y su papá. Su tío Leo también vive en el rancho y ayuda a la familia con el trabajo. En el rancho siembran cultivos como trigo y maíz. También tienen muchos animales, como pollos, caballos y perros. ¡Las niñas también tienen sus propios cerditos!

Vivir en un rancho es mucho trabajo y todos tienen que ayudar. La abuela de María y Ángela ayuda a alimentar a las vacas cuando los visita. También prepara ricos almuerzos para todos. María y Ángela ayudan a su abuela a cocinar. También les gusta ayudar a sus papás. ¡Hay muchas labores en el rancho!

María y Ángela siempre han vivido en el rancho donde creció su papá. Hay noches que, antes de irse a dormir, su papá les cuenta historias de cuando era niño.

—¿Tenían animales, papá? —pregunta Ángela con curiosidad.

—¡Claro! —responde su papá—. Teníamos vacas y caballos, y yo tenía un perro.

—¿Manejabas un tractor cuando eras chiquito? —pregunta María.

—No. Manejé uno cuando crecí. ¡Y ustedes todavía no son grandes para manejar! —rió su papá.

María y Ángela tienen muchas ganas de manejar un tractor, pero saben que todavía están muy chicas.

A veces llueve en el rancho. Los papás de María y Ángela se ponen contentos cuando llueve porque la lluvia ayuda los cultivos. Si los cultivos no reciben suficiente lluvia, pueden morir. La familia Ramírez siembra sus cultivos en primavera y espera que haga buen tiempo.

El clima es cálido donde ellos viven, pero puede ser frío en invierno. ¡Incluso ha nevado en ocasiones! Los cultivos no crecen en invierno, por eso la primavera y el verano son importantes. La familia Ramírez cultiva tantos alimentos como puede cuando el tiempo es cálido. A María y Ángela les gusta el tiempo cálido porque pueden jugar afuera y montar a caballo.

Durante la semana, María y Ángela se levantan tempranito a hacer sus labores antes de la escuela. Su tarea es alimentar a los animales. Como a María le gusta dormir mucho, Ángela tiene que despertarla.

—¡Levántate! ¡Tenemos que hacer nuestras labores! —le dice Ángela a María sacudiendo a su hermana mayor.

—¿No puedes hacerlas tú? —bosteza María.

—¡Las dos tenemos que ayudar! —dice Ángela.

Las niñas van al establo, donde primero dan de comer a los perros. Cuando las oyen venir, los perros corren hacia sus platos. María les pone agua mientras Ángela los acaricia.

Después, dan de comer a los caballos. Ponen avena en sus casillas y les dan zanahorias. A veces, les dan terrones de azúcar a los caballos. Ángela se pone el azúcar en la mano abierta para que el caballo pueda comerla. —¡Me hace cosquillitas! —dice Ángela riendo.

Después tienen que darles de comer a las gallinas. Les esparcen el alimento en el suelo.

Por último, ponen comida para los cerdos en grandes bateas. Como los cerdos embarran todo para comer, las niñas se alejan de ahí.

El cultivo más grande de la familia Ramírez es el trigo. Crece mejor en un clima seco y caliente. Cuando el trigo madura al final del verano, la familia Ramírez lo cosecha.

El trigo se lleva al granero en camiones para luego venderlo a un molino. Vender el alimento que cosechan es una parte importante de la ocupación de la familia Ramírez.

El trigo de la familia Ramírez se usa en muchos alimentos. La harina de trigo se usa para hacer pan, cereal y galletas. También cultivan otras cosas en el rancho. Al empezar la primavera siembran maíz y frijol de soya. Si hay suficiente lluvia y sol, los cultivos crecerán mucho.

A María y Ángela les gusta cultivar la tierra. También les gusta comer los alimentos que su familia cosecha. Cuando llegan a su casa después de la escuela, hacen sándwiches de mantequilla de maní y jalea.

—¿Papi hizo este pan? —pregunta Ángela.

—No, pero cultivó el trigo que usaron para hacerlo. Nuestro trigo lo llevaron al molino y el molino hizo la harina para el pan —responde María.

—¿Papi hizo esta mantequilla de maní?

—¡Nosotros no cultivamos maní! —ríe María.

—¿Y la jalea? ¿La cultivamos? —insiste Ángela.

—No, alguien cultivó las fresas y alguien más hizo jalea con ellas.

—¡Qué rico sabe! —sonríe Ángela.

Otra labor de las niñas es cepillar a los caballos. A veces les ponen flores en las melenas. Como a veces los perros ensucian, las niñas tienen que asegurarse de que el establo esté limpio.

—¡Mimí, siéntate! —le ordena María a un perro.

Mimí corre por el establo volcando las pacas de heno para alimentar a las vacas.

—¿Dónde está el cachorrito nuevo? —pregunta Ángela.

Buscan por el establo. Ángela busca en las esquinas. María busca en las casillas de los caballos. Buscan tras el heno y Mimí las sigue por todo el establo.

—¡Ven perrito! —dice María.

Las niñas oyen un ladrido y el perrito corre y brinca en el heno.

—¡Aquí está! ¡Estaba escondido! —se ríen las niñas.

A María y Ángela también les gusta visitar a las vacas. El ganado es muy importante para el rancho. Su familia cría ganado y lo vende en el mercado.

Este año habrá una exhibición de ganadería en el mercado del pueblo.

Las niñas están emocionadas porque ellas elegirán sus vacas para llevarlas a la exhibición. Caminan al campo que está cerca de su casa y observan pastar a las vacas.

—¿Cuál vas a elegir? —pregunta Ángela.

—No sé. Me gusta la café con manchas blancas —dice María.

—A mí también me gusta —dice Ángela acariciando a una vaquilla café—. ¡Ésta también es muy linda!

—Ésta tiene manchas grandes —comenta María—. Es igual de bonita que la negra. ¡Llevemos las dos a la exhibición!

Criar ganado es un trabajo duro. Hay que mantenerlo en pastizales del rancho y alimentarlo bien para que crezca lo suficiente para venderlo en el mercado.

¡No es fácil trasladar el ganado! El señor Ramírez y el tío Leo usan caballos del rancho para ayudar. Las vacas van donde los caballos las guían. El tío Leo también maneja una camioneta detrás de las vacas mientras avanzan. A veces, María y Ángela se suben con el tío Leo en su camioneta.

—¿Por qué trasladamos a las vacas a otro campo? —pregunta María.

—Porque ya se comieron toda la hierba de este pastizal —responde el tío Leo—. Necesitamos llevarlas a otro campo donde haya más pasto.

Pronto, las vacas estuvieron listas para ir al mercado. María y Ángela vieron cómo su papá pesaba las vacas. Está contento de que estén grandes. Las vacas más grandes se venden más rápido. María y Ángela le enseñaron a su papá las vacas que escogieron para la exhibición, pero Ángela parece preocupada.

—Papi, ¿alguien comprará mi vaca?

—No —responde su papá—. Tu vaca es sólo para exhibición. La verán y la admirarán, pero tu vaca no se vende.

—¡Qué bueno! —dice Ángela—. ¡Quiero quedármela!

Es ya el día de la exhibición. Ángela le puso Princesa a la vaca café. Princesa tiene un lazo rosa alrededor del cuello. Ángela la cepilla hasta que le brilla el pelo. La vaca de María se llama Luna. Es una vaca pequeña y tímida. María cepilla a Luna antes de partir.

—¡Niñas! ¿Están listas? Partiremos pronto —les dice su mamá.

—¡Estamos listas! —exclaman las dos niñas.

El señor Ramírez y el tío Leo preparan el ganado para el viaje al mercado. El tío Leo engancha el tráiler o remolque a su camioneta. Deben subir con cuidado las vacas al tráiler. Las vacas de María y Ángela se suben de últimas. El tío Leo maneja despacio. ¡Las vacas están en camino!

Al llegar a la exhibición, bajan a Luna y a Princesa del tráiler. El señor Ramírez y el tío Leo llevan el resto del ganado al mercado donde esperan vender muchas vacas. La señora Ramírez lleva a María y a Ángela a la carpa de exhibición.

Cuando llevan a Luna y a Princesa al concurso, las niñas ven una hilera de grandes cintas azules. María y Ángela quieren que sus vacas ganen uno de esos galardones.

—Mamá, ¿quién ganará?—pregunta Ángela.

—¡Tenemos que esperar para saber! —responde sonriendo su mamá.

—Tengo miedo, mamá. ¿Y si perdemos? —pregunta María nerviosa.

—¡Lo intentaremos de nuevo el próximo año! Deben estar orgullosas aunque no ganen —dice su mamá—. ¡Sus vacas están preciosas y ustedes hicieron un buen trabajo!

—Tenemos un empate para el primer lugar este año —anuncia un juez—. El primer lugar es para… ¡Princesa y su dueña, María!

—¡Gané, gané! —exclama María.

—¡Y el otro primer lugar es para Luna y su dueña, Ángela!

—¡Yo también gané! —exclama Ángela aplaudiendo.

Las hermanas se abrazan y corren a la plataforma a recibir sus galardones azules.

El señor Ramírez y el tío Leo también tuvieron un buen día. Un granjero de un rancho cercano compró la mayoría de las vacas. Las demás las vendieron una por una. El señor Ramírez y el tío Leo están orgullosos y felices de haber vendido bien su ganado, aunque también están cansados.

—¡Felicidades a todos! Tuvimos un gran día —dice el señor Ramírez en la camioneta de regreso a casa.

—¡Sí, un gran día! —dice Ángela.

Todos oyen mugir a Luna y Princesa: ¡MUUUUU!

—¡Ellas también tuvieron un gran día! —ríe la señora Ramírez.

Al llegar al rancho, María y Ángela están cansadas. Es hora de dormir. Acarician a sus vacas una vez más y les enseñan los galardones que ganaron. Antes de que se vayan a la cama, la señora Ramírez les da postre a las niñas. ¡Ellas también merecen un premio!

Los adultos también se van a dormir. Todos se tienen que levantar temprano mañana. Los cultivos necesitarán regarse de nuevo y hay que darles de comer a los animales. Tendrán que preparar más vacas para llevar al mercado. ¡En el rancho de la familia Ramírez siempre hay labores que hacer!

Mujeres del Oeste

A mediados de la década de 1800, gente de todas partes de los Estados Unidos se mudaron al Oeste. Habían encontrado oro en California. De todo el país llegaron en busca de riqueza.

Las mujeres jugaron un papel importantísimo en la historia del Oeste. Ganaban dinero lavando ropa, cocinando y tejiendo. Unas se convirtieron en vaqueras, otras en escritoras, como las tres mujeres que se muestran abajo. Otras criaron a sus hijos en ranchos del Oeste.

Hacia finales de la década de 1800, las mujeres del Oeste consiguieron votar. Los territorios del Oeste, como en Wyoming, dieron a las mujeres el derecho al voto antes que muchos otros estados.

Annie Oakley

Calamity Jane

Willa Cather